Aufgereiht wie auf der Schnur. Segelboote im Hafen

Egon Oetjen

Oh,
watt´n
Gedicht!

Gedichte

Eigenverlag

ISBN 3 – 8311 – 0461 – 1
Alle Rechte, einschließlich der für Bild und Ton, vom Verlag vorbehalten.
Eigenverlag: Egon Oetjen 26160 Bad Zwischenahn
Tel. & Fax 04403-58932
e-mail: buchautor@egonoetjen.de
Web: http://www.egonoetjen.de
Herstellung: **Libri Books on Demand**

Inhaltsverzeichnis

Zoten

6

Vorwort.

In meiner Schulzeit war es ein „Hobby" von mir, Gedichte auswendig zu lernen. „Der Taucher", „Die Glocke" und „der Ribbeck zu Ribbeck im Havelland" waren nur einige der unzähligen Gedichte, die wir lernen durften. Ja, wirklich, ich habe es so damals aufgefasst. Für mich war es ein Glück, die Gedichte zu erlernen zu können. Somit hatte ich aber auch keine Schwierigkeiten, wenn ich von Zeit zu Zeit vor der versammelten Klasse eines dieser wunderschönen Gedichte vortragen musste. Für uns Schulkinder war es zur damaligen Zeit eine Art Training, welches heutzutage leider nicht mehr durchgeführt wird.

Wunderschöne Gedichte erwarten auch hier in diesem Gedichtband den Leser. Neuzeitliche Gedichte, aber auch sehr alte Poesie und Gedanken, die mir durch Zufall in die Finger kamen und wo ich der Meinung bin, dass diese auf jeden Fall für die Nachwelt erhaltenswert sind. Manche dieser poetischen Gedanken habe ich in plattdeutsch verfasst, denn die Ausdruckskraft- und vielfalt dieser Sprache ist enorm.

Lustige, schöne, aber auch sehr tiefgründige und nachdenkliche Gedichte und Sprüche habe ich hier zusammengetragen, so dass ich dem Leser viel Spaß und „Training" wünsche.

Egon Oetjen

Gedanken

Einfach so, als habe ihn jemand vergessen

Bruderliebe.

Ich stehe still und ruhevoll,
und schaue, wie die Männer graben,
ein tiefes Loch, doch sag, was soll,
dies Werk, werd′ ich mich fragen.

Glocken klingen, schwer und laut,
die Trauerschar, sie weint,
man hat so groß auf dich gebaut,
und du hast nichts verneint.

Vor ein paar Tagen, wir sprachen noch,
ich denke dran, es war so schön,
ich hab dich immer gern gemocht,
nun werd′ ich dich nie wieder sehn.

Warst immer auch für andere da,
die Lebenslust hast du besessen,
nun liegst du vor uns aufgebahrt,
dein Lachen werd ich nie vergessen.

Warum denn musste das geschehn,
das Schicksal lässt sich treiben,
dein Körper wird einmal vergehn,
jedoch das Bruderherz wird bleiben.

Der alte Mann.

Ergraut im kurzen Alter schon,
die Braue, die Haare und der Bart,
der Gram um seinen einz´gen Sohn,
machte seine Seele hart.

Er lebte nur noch für den Zorn,
verzeihen konnt er einfach nicht,
der Hass, er bohrte wie ein Dorn,
für ihn gab´s nur noch ein Gericht.

Der Sohn, ein arger Bösewicht,
hat schwere Schuld auf sich geladen,
dem Kind, dem ließ er letztlich nicht,
den letzten Lebensfaden.

Man sah den armen Vater leiden,
durch das, der Sohn hier angericht´,
ihm tat die kalte Schulter zeigen,
kein´ einzig nette Geste nicht.

Im Dorf es keinen Menschen gab,
der zu ihm sagen täte: verzeih,
nur böse Blick´ man zu ihm warf,
als wär´ auch er von Schuld nicht frei.

So packte er sein kleines Bund,
verkaufte Hof, sein kleines Haus,
er ging vondannen „ohne Grund“,
den Mut verloren, welch ein Graus.

Nicht einer rührte hier die Hand,
und half dem armen Mann
So musst er büßen Tag für Tag,
für das, was nur der Sohn getan.

So haben alle Schuld geladen,
mit dem „nichts hören" und „nichts seh´n"
und lassen ohne Weh und Klagen,
den Vater aus dem Dorfe geh´n.

Nie wieder ward er hier gesehen,
ob er wohl noch am Leben sei,
doch niemand dacht an das Geschehen,
es war dem Dorfe einerlei.

Man hat ihn eines Tags gefunden,
den alten Mann im tiefen Torf,
nun wird das Denken schon gesunden,
in diesem schönen, netten Dorf.

Schande.

Oh, ihr verdammte Satansbrut,
ihr lasst den Kindern keine Wahl,
besudelt euch mit Qual und Blut
und schändet sie in großer Zahl.
Möcht' teilen euch mit Axt und Messer,
Bezahlt! Mit Gift, der Kugel und dem Strang,
wünsch ich den Tod euch, es wäre besser,
dann wär es nicht den Menschen bang.
Nur einfach leben wollten sie,
und sich des jungen Lebens freuen,
Ulrike, Kim und auch die Nelly,
oh, war doch das Leben schön.
Doch dann kam eure kalte Hand
und mordete, welch grausam Tod,
nahmt den Eltern den Verstand
und brachtet überall nur Not.
Habt ihr wohl überlegt die Tat,
so wie ihr sie hier vollbracht,
habt ihr euch das wohl mal gefragt
und dabei an das Leid gedacht?
Das Leid, welch' ihr im Land gestreut,
zerstört mit eurer Tat das Glück,
ich glaub, ihr habt noch nichts bereut
von eurem Mord so Stück für Stück.
Dürft ich euch nun die Strafe geben,
ich wüsst schon, was ich mit euch mach,
hab mich geäußert doch schon eben,
ich würd euch quälen, ich hab's gesagt.
Der Tod für euch Erlösung wär,
drum müsst die Strafe härter sein,
für euch gäb's keine Sonne mehr,
auf dieser Welt sollt ihr nicht sein!

Charakter.

von Heinrich v. Häfen

Wer seinem Nächsten Schlechtes wünscht
und seine Lügen gut anbringt,
sich über Untaten andrer Kinder freut,
wer nie sein loses Maul bereut,
wer Anstößiges über Eltern sagt,
wen nie sein schlecht′ Gewissen plagt,
wer dem Anderen einen Hieb versetzt,
und freut sich drüber zu guter Letzt,
wer gerne Andere belauscht,
mit Kindern „Erwachsenen – Worte" tauscht,
wer alles gerne haben möcht',
der ist charakterlos und des Teufels Knecht.

Tiefer Blick

Der Eltern Wert.

Man braucht Vater und Mutter erst,
wenn man sie nicht mehr hat.

Fragen.

Ich stehe hier und weiß nicht weiter,
drum stell ich ihm die Frage,
die mir so wichtig, dass ich werd´ heiter,
und hoffe innigst, dass er was sage.

Doch er bleibt stumm, trotz des Flehens,
gibt Antwort mir nun keine mehr,
los Vater, komm, ich möcht' dich sehen,
du weißt, ich liebe dich so sehr.

Stell´ Frage über Frage dir,
wünsch nur die Antwort mir so sehr,
doch nichts, das alles bleibet mir,
es gibt hier keine Worte mehr.

Drum steh ich hier, bin jetzt bereit,
hoff´ immer noch, dass es werde,
der Weg zum Vater ist so weit,
denn den bedeckt die kühle Erde.

Kämpfe.

Sag mal Danke, einfach so,
lächle doch, als ging´s dir gut
sei doch einfach nur mal froh
und mach dir selber doch mal Mut.

Lass doch nur den Kopf nicht hängen,
auch wenn du einmal nicht mehr kannst,
fang doch einfach an zu singen,
und packe neu dein Leben an.

Du darfst einfach nicht verzagen,
und werfe nicht dein Leben fort,
du solltest doch den Herrn mal fragen,
der hilft auch dir - an jedem Ort.

Ziel

Fragen eines Kindes an Gott.

Lieber Gott, wie siehst du aus?
Ich habe zehn mal tausend Fragen,
wenn du einmal herunterschaust,
wirst du es mir dann sagen?

Hast du vielleicht schon weiße Haare,
und einen weißen Rauschebart,
bist du denn bei mir, wenn ich fahre,
mit dem Rad so durch die Stadt?

Bist du klein, unendlich groß,
bist du jung geblieben oder alt,
und auch wissen möchte ich bloß,
ob auch für dich die Sonne strahlt?

Kannst du immer bei mir sein,
wirst du denn auch mal richtig krank,
wie groß ist denn dein Herzelein,
warum sagt man Gott sei Dank?

Kannst du auch mal böse werden,
so wie ich und noch viel mehr,
geht dein Blick herab auf Erden,
oder gibt es dort noch mehr?

Wie sieht deine Nase aus,
ist sie runzlig oder glatt,
ziehst du deine Stirne kraus,
wenn Vater mich geschlagen hat?

Hast du Arme und auch Beine,
ist dein Wesen lieb und zart,
lebst du immer ganz alleine,

hast du jemand, der dich mag?

Bist du auch ein bisschen dick
und magst auch gerne essen,
hast du denn alles fest im Blick,
und kannst du auch vergessen?

Hat deine Wohnung denn auch Lichter
und magst du Blumen und die Tiere,
beschützt du auch die Bösewichter,
siehst du, wenn ich mal was verliere?

Stimmt es wirklich, was man sagt,
dass wir für dich sind alle gleich,
oder sind denn nun die Armen besser,
oder wär´ man lieber reich?

Muss ich nun denn täglich beten,
muss ich stündlich an dich denken,
ist es schlimm, wenn dies nicht geht,
wirst du trotzdem alles lenken?

Tausend Fragen hab ich an dich,
tausend Mal hab ich's probiert,
hab gebetet nur für dich,
mich mit Kreuzen schön verziert.

Du wirst sicher an mich denken,
steh ich einmal vorm Himmelstor,
bis dahin sollst du mich noch lenken,
mich armen, kleinen Menschen – Thor.

Wenn ich dann wirklich vor dir steh,
mit meinen vielen Fragen,
und dir dann in die Augen seh,
wirst du mir alles, alles sagen?

Märchentraum.

Es war einmal ein stolzer Mann,
lief stets mit hoch geschwellter Brust,
sagt´ immer: schaut, was ich nur kann,
auch prahlte er mit seiner Lust.

Er war der Liebling aller Frauen,
stets dem Mittelpunkt bedacht,
war fröhlich und gut anzuschauen,
von früh bis in die tiefe Nacht.

Im eig´nen Heim, da war er still,
meist sagte er zu ihr kein Wort,
und wenn, dann nur: ich kann, ich will,
spielte Kaiser, König, Lord.

Ließ sich bedienen jeden Tag,
von seiner Frau, doch nur warum,
keiner wusst, woran es lag,
er war nicht schlecht und auch nicht dumm.

Das alles war jedoch gespielt,
ein anderer dort noch in ihm war,
der hasste das, was ihm gefiel,
das wurde ihm auf einmal klar.

Es musste kommen erst ein Anderer,
der zeigte, wie man Frauen liebt,
ging durch das Leben wie ein Wanderer,
die Liebe auf der Strecke blieb.

Durch Wald und Wiesen ganz allein,
das Unheil nahte all zu schnell,
dem Leben soll ein Ende sein,
sagte er, die Sonn´ ,die schien noch hell.

„Du wirst dir nehmen nicht das Leben“,
sagt Gott, den er doch stets verhöhnt,
„du solltest deine Liebe geben,
bis der Gedanke euch versöhnt“.

So nahm er allen Mut zusammen,
und fuhr den Weg zurück nach Haus,
er tat den Anderen verdammen,
nur die Gedanken? Oh, welch ein Graus!

Die Frau ihm von dem Mann erzählt,
mit ziemlich sorgenvollem Blick,
welch Rache hat er nur gewählt,
wie halt ich ihn denn nur zurück?

Ein großes Herz der Mann besaß,
sie traute ihren Augen kaum,
Verzeihung war sein ganzes Maß,
das Andere nur ein böser Traum.

Die Liebe blühte nun aufs Neue,
er wollte nur der Beiden Glück,
man schwor sich ewig nun die Treue,
mit einem tiefen, festen Blick.

Er liebt sie heut wie nie zuvor,
das Glück, das vor ihm steht,
die eigne Frau, oh welch ein Thor
er war, die Brust sich hebt.

Heut´ kann er wirklich stolz sein,
auf seine kleine Frau,
die Liebe, die soll meine sein,
das weiß er nun genau.

An Land.

Krankenhäuser.

von Heinrich v. Häfen

Gut, dass es Krankenhäuser gibt,
man wird gepflegt, geheilt, geliebt,
die Ärzte, Pfleger und die Schwestern,
sind bemüht und nicht von Gestern.
Aber!!!
Du musst dir selbst behilflich sein,
nimmst du die Pillen nur nach Vorschrift ein
und denkst nicht nur an deine Pein,
so wird die Natur dein Helfer sein.
Drum,
hast du ein Au- Weh – Wehchen
und weißt vor Pein nicht ein noch aus,
mach nicht so viel Gerede,
geh einfach in ein Krankenhaus.

Mien leewe Wiehnachtsmann.

Mien leewe, leewe Wiehnachtsmann!
Ick wünsch mi watt so sehr,
so bannig lütt ick nich veel kann,
drum wünsch ick mi uk noch watt mehr.

Ick wünsch mi, datt du Mudder mokst,
för alle Johr und Tiet gesund,
datt se de Krankheit schafft und wookt,
und mol so recht woor lachen kann.

Se hett datt stur so Dag för Dag,
mit ähre Pien und schlimme Keelt,
se manchmol gor nich lachen mag,
föhlt sick nich wohl op disse Welt.

De Krebs wöhlt dor watt in ähr rum,
wieso denn bloot, wieso?
De Froog suust mi in´n Kopp watt rum,
oh, wöös ick´t bloot, denn weer ick froh!

Nu koom man, leewe Wiehnachtsmann,
und änner ähr Gedanken bloot,
datt se nu kummt woor opp´n Damm
nu geev ähr man denn rechten Moot.

Mien leewe, leewe Wiehnachtsmann,
ick schriew di nu hier ditt Gedicht,
ick hepp man bloot denn eenen Wunsch,
mehr will ick uk doch van di nich.

Heimeliges Heim

Vater.

Die Worte des Vaters sind vergessen,
so lang´ man jung genug nur ist,
diese Worte, man kann sie nur messen,
wenn der Vater gewesen ist.

Dann glaubt man, man könnt ihn gebrauchen,
doch jetzt ist er nicht mehr da,
möcht´ den Atem ihm entgegen hauchen,
kein Widerstand, da wo was war.

Wieso hat man früher nicht gefragt,
der Jugend Geist mit Stolz erfüllt,
hätt´ man nur einmal was gesagt,
des Vaters Wärme hätte uns umhüllt.

Man war zu stolz, man wusst es besser,
was zählt schon die Erfahrung,
wir sind jung und wir sind kesser,
ist das denn etwa nicht genug?

Könnt ich nur meinen Vater fragen,
wenn mir einmal das Herze schwer,
ich würd ihm alles, alles, alles sagen,
oh Gott, ich wünscht es mir so sehr.

Warum?

von Heinrich v. Häfen

Warum ist der Mensch auf dieser Welt?
Ist´s nur, weil´s ihm so gut gefällt?
Dass er sich reißet, rackert, schindet,
und hofft und wettet, dass er's findet
und immer denkt und viel sinniert,
zum Nutzen oder nicht – auch praktiziert,
er baut und strebt, macht und modelliert,
bis er dann den Mut verliert.
Fängt er dann gleich von vorne an,
was ihm auch gut gelingen kann,
sei´s im Stoßen, Raufen, Ringen,
denkt an nichts, nur ans Vollbringen.
Armer Mensch, nun denk mal nach,
liegt das Glück bei dir so brach?
Hast nicht gelesen in der Schrift?
Wenn einmal dich das Wörtchen trifft,
ist´s aus, vorbei, ist alles hin,
prüfe doch mal Geist und Sinn!
Alles hier auf Gottes Erden,
muss einmal zu Asche werden.
Drum bei allen deinem Werden,
stell den Himmel vor der Erden.
Dann wird deine Seele rein
und wird einst im Himmel sein.

Heimat

Wintersegen

Appell.

Hier in diesem schönen Ort,
rast man nicht, nein, nein, man reist,
hier spielen Kinder, mal hier, mal dort,
man sieht sie nicht, doch meist,
ein Ball des Weges kommt gerollt,
gefolgt von Kinderfüßen, hopp,
fahre langsam, dass nicht ungewollt,
ein Mensch zu Schaden kommt, drum Stop!

Wenn du nur etwas schneller bist,
du hast gespart nicht viel an Zeit,
wenn erst ein Leben beendet worden ist,
- und das durch Raserei!- sei doch gescheit!
Es bringt das Herzeleid so arg,
ein Mutterherz daran zerbricht,
und liegt das Kind dann erst im Sarg,
schau in deren Augen, - oder magst du nicht?!

Denk daran, wenn du hier fährst,
die Straße hier ist nicht nur dein,
auch wenn du nie mehr wiederkehrst,
so soll es doch ´ne Freude sein,
den Ort hier langsam zu betrachten,
es lohnt sich wirklich allemal,
genieße es, wenn laut die Kinder lachen,
das ist Leben und Rasen - das ist doch nur ´ne Qual!

Mien Land.

Watt bin ick froh,
datt ick hier wohn´
hier ist datt Läben rund üm to,
wo finst´ datt sonst, segg wo?

Urlaub brückt wi hier doch nich,
in us wunderschöne Land,
sind wi hier doch mittenin,
und fast an´ne Woterkant,

Gröne Weiden, schwarte Felder,
schwartbunt Veeh, und düstre Wälder,
Regenbogen öwern Horizont,
wäst froh, datt ji hier wohnt.

Wi wohnt in´n Paradies,
man mött datt nur erkennen,
sauber´t Wooter, schmucke Hüüs,
und Alpenrosen ohne Lüüs.

Watt bin ick froh,
datt ick hier wohn,
hier ist datt Läben rund üm to,
wo finst´ datt sonst, segg wo?

Ji wööt nu wäten, wo datt is,
datt Land, watt ick hier meen,
is Dag vör Dag us Urlaubsland,
us schöne Ammerland.

Mein Ammerland.

Aus Sand und Moor gewachsen, hier an der Geeste Rand,
im schönen Niedersachsen, liegt unser Ammerland.
Von Herzlichkeit gefangen, voll Lachen jeden Tag,
wie schon die Alten sangen, wie Menschen, die ich mag.

Das ist ein Fleckchen Erde, ich finde es so toll,
wo ich zum Menschen werde, so wie es wirklich soll.
Die Felder, Wiesen, Blumen, des Bauern fleiß'ge Hand,
der Äcker saft'ge Krumen, ich in dem Land hier fand.

Ich bin so stark verwurzelt und lebe hier so gern,
mich zieht hier nichts vondannen bis hin in weite Fern,
umrahmt von Geest und Wald, von Marsch und Weideland,
ich rufe laut, sodass es hallt, ja dieses ist mein Ammerland.

Stille

Es ist still, als ich hier stehe,
umrahmt von einzigartiger Natur,
und das, was ich hier um mich sehe,
gehört nicht mir alleine nur.
Es ist das Erbe von uns Allen,
gepflegt von Herz und Hand,
wird auch den Kindern noch gefallen
und ist der Zukunft großes Pfand.

Dunst schon durch die Birken schleicht,
leis' hört man den Zeisig rufen,
im hohen Gras ein Birkhuhn schreit,
Wasser läuft in vielen Stufen.
Durch den Graben in den See,
fließt das Rinnsal wie am Band,
tanzend wie ein junges Reh,
durch das Moos den Weg sich bahnt.

Aufgereiht wie eine Schnur,
sitzt der Tau am Netz der Spinne,
eine Mücke kämpft und windet
sich ums Leben und die Sinne.
Dann, als ich schon fast so träume,
schickt die Sonne ihren Strahl,
durch die Sträucher, durch die Bäume,
Mücken tanzen ohne Zahl.

Im Grase sich die Schlange windet,
kreuz und quer und hin und her
ob sie wohl was zum Fressen findet?
Wenn, dann gibt sie's nicht mehr her.
Ich schaue kurz auf meine Uhr,
nehm die Zeit, wie ich sie find,
es sind einfach Zahlen nur,
welche ohn' Bedeutung sind.

Als ich aufwach aus dem Traume,
sitzt vor mir ein kleiner Spatz,
auf dem Zweige, hoch im Baume,
ruft hier laut nach seinem Schatz.
Denn sie pfeift und ruft nach ihm,
laut, als sei er in der Näh,
sie ist traurig ohne ihn,
hat verloren ihn, oh weh.

Das Leben hat er heut verloren,
an den Häscher, schnell im Flug,
hat zum Fraß ihn auserkoren,
ihn gepackt mit Greif und Zug.
Doch auch das ist die Natur,
manchmal grausam, manchmal lieb,
man sieht sie als geschenkt an nur
und ich wünscht, dass das so blieb.

So sitz ich hier an manchem Tage,
an dieser wunderschönen Stell′,
hier geht vieles ohne Klage,
hier ist alles so schön und still.
Die Engel haben schon gesessen,
an dieser Stell, die schön doch ist,
hier kannst du alles schon vergessen,
man nichts und niemanden vermisst.

Der kleine See, den ich beschrieben,
das Engelsmeer, sagt man hier nur
es ist ein Stück, was uns geblieben,
ein Stück von einzigartiger Natur.

Im Moor.

von Heinrich v. Häfen

Hier in diesem schönen Moor,
kommt das Leben noch hervor.
Zieht der Winter hier zu Felde,
merkt man draußen seine Kälte.
Wer dann am warmen Ofen sitzt,
und bei Grog und Grünkohl schwitzt,
der hat kein´ Geduld
und ist doch letztlich selber schuld.

Doch wenn die Sonne höher steigt,
an der Birke grünt der Zweig,
im Baum der Kuckuck Kuckuck schreit,
ja dann ist es wieder mal soweit,
dann recken sich die müden Glieder,
durch Moor und Heide läuft man wieder.
Dann ist´s schön in unserem Moor,
wir fühl´n uns wohl wie nie zuvor.
Drum sind wir froh und auch zufrieden,
der Tag ist uns vom Herrn beschieden.

Einfach schön

Heimat.

Heimat ist ein eigen Wort,
man wohnt mal hier und auch mal dort.
Man sagt zwar, deine Heimat ist,
wo du grad geboren bist,
an diesem Ort bist du zu Haus,
und lebst dort deine Träume aus.
Die Heimat für mich aber ist,
der Platz, wo man Zuhause ist,
dort wo man seine Freunde find′
und wo auch die Zuhause sind.
Nachbarn, wenn dir Unheil droht,
Zusammenhalt in arger Not,
sägen, zimmern, Dorfplatz fegen,
und am Sonntag Kirchensegen.
Bäume schneiden, Hecken putzen,
alle Räume gleichsam nutzen,
Kartenspiel und Kuchenessen,
Kaffeetrinken und gut Essen.
Alles nur gemeinsam tun,
feiern, um dann auszuruhen,
machen, schuften, allesamt,
nur das Schlechte wird verdammt.
Das ist Heimat, glaube mir,
alles das, ich sag es dir,
manch′ Begriff man sonst noch kennt
den man hier noch Heimat nennt.

Goldenes Land.

Du bist das Land meiner Träume
und das wird immer so sein,
ich mag deine Wälder, die Bäume,
bleib so, so bist du immer mein.

Keiner hat Natur so wie du,
den Wald, den Moor, den See und Teich,
und schließ ich meine Augen zu,
bin ich unendlich reich.

Willkommen sind uns immer Gäste,
wir lachen nun mal gern,
feiern oft und viele Feste,
drum kommt von Nah und Fern.

Wenn du einmal hier Urlaub machst,
in diesem schönen Land,
dann träumst du nur die ganze Nacht,
vom schönen Ammerland.

So wie mir, so geht es Allen,
ich stehe hier und schreib es in den Sand,
ich weiß, es würd´ auch dir gefallen,
mein Ammerland, mein goldnes Land.

Die Fahrt nach Zwischenahn.
von Heinrich v. Häfen

Oh schönes Meer von Zwischenahn,
lieferst du uns Stint und Hecht,
und alle dick und frei von Tran,
Aal und Karpfen, so ist´s recht.

Oh schönes Meer von Zwischenahn,
an heißen Sonnentagen,
führt uns der Weg hierher zu dir,
zum Meer, zum Ruhelagen.

Oh schönes Meer von Zwischenahn,
im Boot hinauszurudern,
denn nach der Arbeit, die getan,
in kühlen Fluten sprudeln.

Oh schönes Meer von Zwischenahn,
an kalten Wintertagen,
auf der glatten Bahn,
dem Frohsinn nachzujagen.

Die absolute Wahrheit über die
Entstehung des Zwischenahner Meeres.
(Alles andere, was euch über darüber berichtet wird, ist Kokolores!)

Es war an einem wunderschönen Tag
der Herrgott stieg zu uns hinab,
er kam nach Zwischenahn und wollte schon fast geh´n,
„Oh zappalott," rief er, „ist das hier schön.
Vom weiten Marsch tun mir dir Füße weh,
hier fehlt zum Baden nur ein kleiner See!"
Und der Herrgott rief:
„Kommt, ihr Engelein
und macht mal alle hier hinein".
Und die Engelschar so reich,
machten dies sogleich.
Um nicht die Schuhe noch zu putzen
und sich die Kleidchen zu beschmutzen,
hoben sie die Röcklein in die Höh`,
und so entstand der Zwischenahner See.
Gleich drauf kam Petrus angelaufen
und sah den großen Engelshaufen
strich sich den Bart und brummte sacht`:
„Das habt ihr wirklich fein gemacht!"
Den See so weit, das Engelsmeer,
viel Engel selbst und Menschen mehr,
die kann man auch noch heute sehn,
denn hier, hier ist es wunderschön!
Wer diese Zeilen glaubet nicht,
der überzeuge sich!

Leben

Unter den Arkaden

Mein Gedicht.

Ich kann und will es nicht vergessen,
das Schicksal kann so bitter sein,
wer kann die Schmerzen schon ermessen,
der Tod sie bringt, mit Last und Pein.
Heute seid ihr hergekommen,
sagt zu mir ganz leis' ade',
schaut betreten, ganz benommen,
ich weiß es ja, es tut schon weh.
Denkt daran, es so zu machen,
so wie ich, mit Spaß am Leben,
eines weiß ich, jetzt zu lachen,
wäre komisch, so ist es eben.
Lacht doch trotzdem, glaubt es mir,
Kirche heiß ja nun nicht weinen,
Gott wirkt komisch so wie ihr
und er lässt die Sonne scheinen.
Macht es _ _ ?_ _ nicht so schwer,
halt zurück doch eure Tränen,
schenkt ein Lächeln und noch mehr,
danach wird sie / er sich sehnen.
Eine Bitte hätt' ich noch,
und die nun ganz zum Schluss,
danket und bringt Blumen doch,
von euch, zu mir, als letzten Gruß.

Kirche.
von Heinrich v. Häfen

Kleine Kirche hier am Meeresstrand,
im Dorf von Zwischenahn.
Wer sich stets mit dir verband,
hat sein Best´ getan.

Grüne Hochzeit.

von Heinrich v. Häfen

Mit Myrtenzweig geschmücket,
das bräutliche Gewand,
vor Freude ganz entzücket,
geht ihr Hand in Hand.
In Liebe habt ihr euch gefunden,
halt zusammen euer Band,
in Treue seid ihr nun verbunden,
ein Stück Paradies als Unterpfand.
Mit Myrtenzweig geschmücket,
das bräutliche Gewand,
Gott geb´, dass nichts bedrücket,
euren heiligen Ehestand.

Hölzerne Hochzeit.

von Heinrich v. Häfen

Schon die Wiege ist aus Holz,
worinnen wir so stolz gelegen,
die Jahre schwanden, doch unser Sinn der wuchs,
für alles Schöne, für die Liebe,
des Mädchen′s Herz, nur Gedanken für die „Grüne".
Dann wandern die Zwei in die „Silberne" hinein
und ist die Zukunft gnädig, die „Goldene" hintendrein,
schon leuchtet der „Diamant" aus der Ferne,
welches Paar möcht' das nicht gerne?
Die „Eiserne" lockt dem Paar ein Lächeln ab,
die Hochzeit der „Gnade"
beschließen wohl die irdischen Jahre.

Himmelsblick

47

Glücksjahre.

von Heinrich v. Häfen

Es fliehen die Jahre,
sie kommen nie zurück,
das einzig, das Wahre,
ist das Familienglück.

Mutter.
von Heinrich v. Häfen

Mutter, gib mir deinen Segen,
heute ist mein Hochzeitstag,
will ich immer alles pflegen,
Frau und Kinder, die ich mag.

Tat ich dir auch viel Zuleide,
in meiner goldnen Jugendzeit,
war ich doch auch deine Freude,
hab geliebt dich allezeit.

Silberhochzeit.
von Heinrich v. Häfen

Vom grünen Kranz zum Silberkranz
das ist ein langer Weg,
doch denkt an ihn zurück mal ganz,
dann ist´s ein schmaler Steg.
Schimmert einst das Morgenrot,
in üppiger goldener Fülle,
dann steigt doch ein in dieses Boot,
der „Diamant" ist Gottes Wille,
die „Eisernen" und „Gnaden- Zweig",
dann wird die Sehnsucht stille.

Sprache der Blumen

von Heinrich v. Häfen

So schön die Blumen blühen,
in der Stube, im Garten, im Busch,
sind ausgeblüht die Frühen,
kommen die Späten ganz bewusst.
Es sind doch unsere Freuden,
die im tiefsten Herzen drin,
sie blühen auch, wenn wir mal leiden,
uns dann Trost zu geben ist ihr Sinn,
und wer die Blumensprache versteht,
auch weiter froh durchs Leben geht.

Eltern, liebe Eltern.
von Heinrich v. Häfen

Wir lieben euch.
Verzeiht und vergebt uns Kindern jede Unartigkeit, jede
Unhöflichkeit und jeden Ärger.

Haben wir selbst erst einmal Kinder,
werden wir auch am Mann stehen,
werden ihrer Spiele lauschen und
inniglich an euch denken.

Wir lieben euch.

Hier verbirgt sich ein Geheimnis

De Proletarier.

Wo geiht di datt, du lütte Jung´,
watt mokst du hier denn bloot,
ick roop mi ut´n Hals de Lung´,
ick dach, du weerst all dood!

Ach, lütte Jung´, so geiht datt nich,
nu pack mol richtig an,
ick do doch diene Arbeit nich,
nu kiek di doch mol an.

Mööt selber schuften at so´n Peerd,
Akkord ist Mord, datt wesst du jo,
und givvt kien Geld, kummt nix up´n Herd,
leider Gottes ist nu so.

Watt ist denn an di dran, du Wurm,
kannst´n Hoomer nich mol hol´n,
bold kummt vör us de groode Sturm,
denn geihst du op de Sohln.

Du geihst vandannen, glöw mi datt,
hesst´n Bidrach denn betohlt?
An´s krist du nix ut groode Fatt,
datt Gatt watt di versohlt.

Du bist bi us de jüngste Mann
und möst at Erster gohn,
stoh op, lütt Jung`, nu mol ran,
hesste Arbeit, givvt uk Lohn.

De groode Streik keem op us too,
all schreewen se dorvan,
wi ging dor all Mann op de Stroot,
to streiken vör´n gerechten Lohn.

Wi heppt us dörsett, man o Mann,
datt weer´n harten Kampf,
de Arbeitgebers at so´n Ramm,
wi dorgägen mit veel Dampf.

De Streik ist nu all lang vörbie,
du büst nich mehr bi us,
du wosst nich hör´n, watt segg ick di,
Rationalisierung, at letzten Gruß.

Nu sitzt du hier, näämt nich to hart,
häst kiene Arbeit mehr,
biet de Tähn tohoop, wääs mol stark,
stoh op, sett di to Wehr.

Stoh op, de Hand to´e Fuss geballt,
de lüttje Mann ist doch de Stoot,
tosomenholn ist us Gewalt,
hoch leew datt Proletariat.

Die Mühle.
von Heinrich v. Häfen

Du Mühle, du Sinnbild der Jugend,
kein Flügel den anderen beneid,
sie drehen gemächlich die Kreise,
zu jeder Windeszeit.

Wie wär es so schön auf Erden,
wenn alle der Flügel gleich,
wir würden alle Erben werden,
im großen Himmelsreich.

Tod.
von Heinrich v. Häfen

Ist beendet nun dein Lebenslauf,
wer nimmt dich wohl im Jenseits auf?
Hast du gewirkt, hast du geschafft,
und hast gesetzet alle Kraft,
nur für Geld und alle ird´schen Dingen,
und für sonst nichts:
Dann hörst du nicht die Englein singen.

De groode Wunsch!

So bannig veel wünsch ick mi nich,
bloot man so´n lüttjen bäten,
watt mi so inne Oogen stich,
datt woss woll ganz gern wäten?

Datt is ne Klock, de in us schleit,
de wünsch ick mi so sehr,
so´n ganzen bäten Hartlichkeit,
nur ditt een Deel und gor nich mehr!

Das lange Haar.
von Heinrich v. Häfen

Ich lobe mir das lange Haar,
es ist mein Ideal,
doch manche mögen's nicht
und das ist eine Qual.

Komm, Mädel, lass dir's wachsen,
dein braungelocktes Haar,
lass dein Haar im Winde wallen,
und die And'ren lass doch lallen.

Die sind doch nur neidisch schon,
auf dein braungelocktes Haar,
diese Länge, Farbe, dieser Ton,
ist doch einfach wunderbar.

Christenliebe.

von Heinrich v. Häfen

Wenn Liebe bei uns von Nöten ist
und wir können sie beweisen,
dann sind wir sicherlich ein Christ,
und schützen die Nächsten vor´m Verwaisen.

Weihnachtszeit.

von Heinrich v. Häfen

Seit tausend Jahr und tausend mehr,
kommt das Christkind zu uns her.
Im großen wie im kleinsten Raum,
strahlen die Lichter am Weihnachtsbaum.
Wir sind beseelt und stets beglückt,
Schmerzen fliehen und was uns sonst noch so bedrückt,
die Hoffnung und der Glaube siegt,
auch wenn es manchmal anders liegt,
die Weihnachtszeit, die macht uns frei,
durch Hoffnung, Glaube, Liebe, diese Drei.

Liebe

Speichergut

Liebe kann...

Liebe kann Berge versetzen, kann Welten verändern oder Kriege entfachen.

Liebe kann Hass entfachen, töten oder alles vernichten.

Doch Liebe sollte Liebe bleiben.

Zum Lieben einfach!

Gedanken.

So wie ein Vogel im starken Wind,
wie ein Schiff die Wellen bricht,
so wie der Gefühle gebärendes Kind,
wie man fühlt und wie man spricht.

So wie ein Feuer, das ewig brennt,
so wie Schmerzen ohne Hiebe,
oh glücklich` Mensch, der das noch kennt,
denn das, das ist die Liebe.

Glaube mir.

Ich glaube wohl, dass du mich liebst,
denn die Zärtlichkeit, die du mir gibst,
kann doch nicht nur Lüge sein
und sei die Lieb´ auch noch so klein.

Ich glaube wohl, dass du mich magst,
mit kleinen Fehlern du dich plagst,
ich hoffe, du nimmst auch sie in Kauf,
denn Liebe lebt von Fehlern auch.

Wenn wir auch sind nicht fehlerlos,
so lieben wir den Partner, bloß,
man nimmt ihn, wie er gerade ist,
mit Tücken und ein wenig List.

Man liebt sich und doch tut es weh,
wenn ich in deine Augen seh,
die Träne sitzt im Winkel dort,
ich mache eins: ich küss sie fort!

Kinder?
von Heinrich v. Häfen

Wo kommen denn die Kinder her?
Ist die Antwort denn so schwer?
Jeder, der ein Amt verwalt´,
ob es heiß ist oder kalt,
er muss hinaus in seinen Kreis,
und üben mit viel Kunst und Fleiß.
Der eine klettert auf das Dach,
der andere ist vom Bankenfach,
der Dritte ist der Kuckucksmann,
der klebt und kleistert, wo er kann.
Ob er nun feget oder bringt,
oder mit dem Pfandmann ringt
ob geweißet oder doch geschwärzt,
die Einladung er doch gern beherzt,
wenn ihm dann ´ne güt´ge Fee,
serviert ne´ schöne Tasse Tee,
denn bei jeder Witterung,
ist beliebt ein Labenstrunk.
Das Gespräch ist rein Natur,
von den Blumen auf dem Flur,
von dem Regen, von dem Wind,
von dem allerliebsten Kind,
von der Schönheit, von der Liebe,
von den Nächsten, Lust und Triebe,
von dem bösen Übermut,
von dem Unrecht, das man tut,
wo man selber sich nicht kennt,
wenn der Kuss so feurig brennt,
wenn die Herzen höher schlagen,
und die Augen Glück erfragen.
Ist die Antwort nun noch schwer,
wo kommen denn all die Kinder her?
Winkt man schnell noch einen Gruß,
ein Tässchen Tee, ein Hochgenuss.

Eintritt

Ich liebe dich.

Ich liebe dich, ein großes Wort,
dass, welches so dahin gesagt,
gleich wo und welchem Ort,
der Schmerz doch mehr als Freud´ behagt.

Drum überlege man genau,
zu welchem Anlass man es sagt,
ganz gleich, ob Mann, ob Frau,
den Hintergrund der Geist erfragt.

Ich liebe dich, nur so dahin gesagt,
von Leid und Schmerz beklommen,
denn, wenn man das Herz befragt,
der Satz, der muss von Herzen kommen.

Ich will...

Treue ist nicht nur ein Wort,

man ist es oder lässt sie fort,

genau so ist es mit der Liebe,

wird verwechselt mit dem Triebe,

wenn man meint, man kann's erreichen,

wird der Liebe alles weichen,

liebt man jedoch wirklich ehrlich,

ist die Liebe noch vermehrlich,

das ist lange noch nicht Treue,

die wächst täglich nur aufs Neue,

wenn man liebt und alles gibt.

Treue kann man nicht erkaufen,

nicht erbitten, nicht erlaufen,

manchmal muss man's wirklich wollen,

sich erkämpfen und es sollen

Tränen fließen über Nacht,

wie es anfängt, wie man's macht,

ist man dann dort angelangt,

an dem Punkte, wo man bangt,

sich der Mühe Wert verspricht,

und vielleicht doch alles bricht,

wenn man liebt und alles gibt.

Dann erst kommt man zu dem Schluss,

Treue kann sein, nein, sie muss!

Denn sonst wär es keine Liebe,

sei doch ehrlich, es wären Triebe,

geh dann in dich in der Still

und sag zu dir: ich will!

Glück.

Die Liebe, oh´ welch schöne Sach´,
sie lebt aufs Neue Tag für Tag,
Vergangenheit zählt dunkel nicht,
denn Liebe ist wie helles Licht.

Liebe leuchtet, man zeigt es gern,
ist einsam, wenn der Andere fern,
erfreut jedoch, die Augen feucht,
wenn der Mond für Beide leucht`.

Das muss Glück sein, oh wie schön,
ist so herrlich anzusehen,
wenn zwei Menschen sich so lieben,
Glück gefunden und geblieben.

Die Sonne scheint für Beide schon,
Glück ist doch der Liebe Lohn,
hat man sich erst mal gefunden,
werden Stunden zu Sekunden.

Dann begreift man, was man hat,
an dem Nächsten, Tag um Tag,
hält dann an der Liebe fest,
die sich nie mehr lösen lässt.

Oh, Wunder Liebe.

Liebe kann die Wunden heilen,
die der Schmerz dir zugefügt,
Liebe kann am Glücke feilen,
ohne dass dich jemand rügt.

Liebe kann dir Stricke knüpfen,
die dich halten Tag und Nacht,
Liebe lässt die Herzen hüpfen,
für die Liebe, für die Macht!

Natur

Dunkler Tann

Der Blumenstrauß.

von Heinrich v. Häfen

Seht die Blumen, frisch gepflückt,
auf meiner Fensterbank,
und wer mich damit beglückt,
dem sei noch ein herzlich Dank.

Rosen und Resedaduft,
oh, wie schön und köstlich,
machen frisch die Werkstattluft,
belebend, labend, fröhlich.

Dein letzterKampf.
von Heinrich von Häfen

Du bist hinausgezogen,
mit junger Kraft und Lust,
du hast es wohl erwogen
warst dir deiner Pflicht bewusst.
Den Fahneneid geleistet,
hast du in Donnerschwee,
und dich zum Kampf bereitet,
mit Lust und Lieb´, oh weh.
Als du mit Waffen nun vertraut,
nach Westen kamet der Befehl,
wo manche Stellung wurd gebaut,
und Kameraden war´n so viel.
Zum Angriff wurd geblasen,
am fünfundzwanzigsten im März,
da musstest du dein Leben lassen,
die Kugel durchdrang dein junges Herz.
Die Osterblumen blühten,
im Frühlingssonnenschein,
im Frühling deiner Jugend,
gruben die Kameraden dich ein.

Zum Gedächtnis an
Albert Gerhard von Häfen
Gefallen in Frankreich 1916.

Natur – Glück.
von Heinrich v. Häfen

Von staubiger Landstrass auf moorigem Weg,
und über die Grüppe den schwankenden Steg,
wo Gras und Frucht die Erde bedeckt,
da liegt mein Vaterhaus im Tann versteckt.

Tannen und Birken von hoher Gestalt,
beschirmen Haus und Garten vor Sturmesgewalt,
der Garten, der uns mit Obst und Gemüse versorgt,
auch dem Vöglein ein schattiges Plätzchen borgt.

Rings um die Weiden mit Blumen geschmückt,
die wir zum Kranz und Strauß gepflückt,
das Meer lud zum Baden und Angeln ein,
welche Freude konnte für uns wohl größer sein?

Doch wenn im Herbst das weite Land,
bedeckte hoher Wasserstand,
dann wurden die Schlittschuh befreit von Rost,
und der Winter erwartet mit starkem Frost.

So fliegt die Jugend voll Lust dahin,
bis der Ernst des Lebens durchdringt den Sinn,
drum denk im Alter an die Jugend noch,
die schönste Zeit des Lebens ist sie doch.

Wasserspiele.

Schwebend einer Elfe gleich,
tanzet die Libelle,
auf dem Wasser, auf dem Teich,
auf und ab, hoch und nieder, so wie eine Welle.

Plötzlich bricht das Wasser auf,
eine silberne Forelle,
sie schnappt zu, blitzesschnell,
reißt auf das Maul und greift sich die Libelle.

Dann ist wieder Ruhe dort,
rasend schnell, man glaubt es nicht,
der Fisch, der schwimmt im Wasser fort,
tosend Gischt und Wogen, nun doch wieder glätten sich.

Jetzt an dieser Kampfesstätte,
ist es still wie eh zuvor,

und ich denk noch, ja sie hätte,
vielleicht doch besser aufgepasst, welch´ Thor!

Es ist nicht alles Gold, was glänzt,
und alles gut, was ziemlich glatt,
so manche schöne helle Stelle,
man kann's kaum glauben, auch viele dunkle Stellen hat.

Das musst erfahren auch gleich drauf,
die silberne Forelle
denn jeder Wurm, so schön er auch
und fett und lang, birgt ´ne Gefahrenquelle.

Nun hängt er an der langen Schnur,
und kämpfet um sein Leben,
was soll's, das ist Natur,
man denke dran, wenn man was fängt, so ist nun mal das
Leben.

Spitzwegerich

Nebel.

Nebel ziehet übers Land,
weiß ist alles wie von Tuch bedeckt,
sieht vor den Augen nicht die Hand,
Nebel ziehet übers Land.

Sieht nicht Himmel, sieht nicht Erde,
keine Vögel und Getier,
nicht des Jägers wild Gebärde,
sag mir doch, wo bin ich hier?

Nebel ziehet übers Land,
ist des Herbstes Zeit gekommen,
kein Baum, kein Strauch, des Ackers Rand,
Nebel ziehet übers Land.

Weiß nicht, wo ich gehen kann,
kein Sonnenstrahl den Weg mir zeigt,
ein Schatten nur so dann und wann,
ein Tag, der sich zum Abend neigt.

Nebel ziehet übers Land,
hüllt alles ein in dunkles Licht,
als schnürt es wie ein starkes Band,
Nebel ziehet übers Land.

Häschen – Klein.

Ein Hase sitzt im langen Gras,
die Ohren hochgestreckt,
er denkt so noch, da war doch was,
da wird er aufgeschreckt.

Er hört den Knall, den nächsten wieder,
ein Pfeifen kommt, was war denn das?
Der zweite Knall, der streckt ihn nieder,
den Hasen dort im langen Gras.

Die Linde

Groß und gewaltig steht sie da, die Linde,
der Stamm, er ächzt und knarrt im Winde,
der Regen schüttelt die Blätter,
oh, was für'n Wetter!

Die Eiche

Das Blatt der Eiche ist so grün,
oh, wie schön,
das Blatt der Buche ist so rot,
ist die tot?

Der Wind.

Kreise drehen sich im Sand,
Wolkenfetzen jagen flach,
zerzaust und rot der Sonne Band,
spiegelt sich im breiten Bach.

Trüber Dunst mit Wolken mischen,
wie des Malers Bild so klar,
als wollte er die Farben wischen,
so stellt sich hier der Himmel dar.

Brausend beugt er Busch und Baum,
es stürmt, er heult so wie ein Kind,
geschüttelt werden Wald und Saum,
es hält ihn einfach nichts, den Wind.

Der Käfer.

Na, du Kleiner!
Sich verkriechen, sich verstecken,
glaube mir, das ist nicht gut,
der andre, der dich will nur wecken,
kocht bestimmt vor lauter Wut.

Sollte er dich hier nicht finden,
ganz bestimmt sucht er nicht mehr,
unter Borken, unter Rinden,
kleiner Käfer, bitte sehr.

Sprüche

Morgenstlle

Stimmt´s?

Es trinkt der Mensch,
es säuft das Pferd..
....
Was hast du gesagt?

Schön wär's!

Ließen sich manche Sachen,
einfach zweimal machen!

Lieben.

Es ist schön, geliebt zu werden,
noch schöner ist lieben und von Liebe zehren!

Speichertür

Frauen.

Die schöne Frau ist eine Woche gut,
die gute Frau ist ein Leben lang schön!

Dummheit!

Ist´s nicht Dummheit, wenn der Ehemann schenkt seiner
Ehefrau stets große Gaben?
Denn, denke dran:
Gar nichts Großes, etwas Kleines will sie haben!!

Kirchspiel

Dichter

Eines Tages ging ich zu meiner Mutter und sagte:

„Mutter, in mir steckt ein Dichter!"

Und was antwortete sie?

„Lass ihn stecken, Egon, lass ihn stecken!"

Denk dran!

So wiet uk de Weg,
kickst du vörut,
kummst du good trech,
wenn Hann´ und Hart nich ruht!

Weisheit.

von Heinrich v. Häfen

Begreif dieses Buch,
und erkenne dich,
meide den Fluch,
der ist dir hinderlich,
nutze die Zeit,
die Ewigkeit ist lang,
sei bereit,
meide den Zwang,
tu alles fröhlich,
was du auch magst tun,
es ist löblich,
in Frieden zu ruh´n.

Zeiten

Radkranz

Der Schwerstarbeiter.
von Heinrich v. Häfen

Hörst du die Sirenen heulen,
dein Tagewerk von jetzt beginnt,
der Arbeit darfst du nur nicht gräulen,
und denk dabei an Frau und Kind.

Drück den Spaten, drück,
bis der Ton sich lösen wird,
und du Stück für Stück,
davon auf die Karre wirfst.

Hart und schwer durchdringlich,
ist der blaue Ton
kämpfest du beschwerlich,
um den kargen Lohn.

Wenn dann die Sirene heulet,
dein Tagwerk ist nun getan,
der Frau und Heim wird zugeeilet,
willkommen du, mein lieber Mann.

Zwölf Monate, ein Jahr.

Das Jahr beginnt, der Winter naht,
der Januar, der kommt mit Macht,
bedeckt das Feld der Wintersaat,
schon früher zieht die Nacht.

Ein weißes Jahreskleid uns bringt,
der Februar mit Frost und Reif,
Flur und Feld im Schnee versinkt,
zugefroren sind nun Bach und Teich.

Im Monat März zeigt sich die Sonne,
schon etwas mehr als je gefühlt,
die Strahlen dringen durch mit Wonne,
wenn auch noch ein wenig kühl.

Es braust der Wind, biegt sich der Baum,
auch nochmals Schnee bringt der April,
das Meeresufer füllt der Schaum,
sein kräft´ger Wind hält niemals still.

Der Mai, auch Wonnemonat gern genannt,
hält doch sein Wort, so soll es sein,
der Bauer nun den Pflug anspannt,
im hellen Sonnenschein.

Alles grünt und alles blüht,
Busch und Baum im besten Kleid,
der Juni durch die Zeit sich zieht,
ein warmer Luftzug macht sich breit.

Der Monat Juli zeigt die Kraft,
die Sonne heizt die Erde auf,
ein Regenschauer hilft und schafft
und tränkt die Saat nunmehr zuhauf.

Am blauen Himmel Wolken treiben,
nach oben geht nun unser Blick,
wenn glühend heiß die Sonne brennt,
August und Sommer, welch ein Glück.

Noch immer der September waltet,
die Vögel richten schon zum Zug,
der Süden lockt, bevor es kalt wird
und sammeln sich zum großen Flug.

Oktober heißt nun Erntezeit,
die Frucht ist reif, es steht das Korn,
auf dem Felde golden weit,
der Jäger bläst ins Horn.

Der Herbst ist da, nun wird es kalt,
Mantel, Stiefel, dicker Schal,
Novemberstürme ziehen bald,
über Felder, weit und kahl.

Das Jahr neigt sich dem Ende zu,
aus Hektik und Betriebsamkeit,
wird Stille und man sucht die Ruh,
im Dezember und der Weihnachtszeit.

Wenn man dann still am Ofen sitzt,
so schützend wärmend am Kamin,
dann lässt man das vergangene Jahr,
in Geist noch mal vorüberziehen.

Und war es gut, dann freue dich,
am wärmenden Kamin,
doch war es schlecht, dann soll es sich
am besten schnell verzieh´n.

Spiegelblick

Osterglocken
von Heinrich v. Häfen

Osterglocken süßer Klang,
klingen freudig Auferstehen,
und wie lieblich ist ihr Sang,
schwingt sich auf in Himmelshöhen.

Osterglocken voller Freude,
rufet uns aus unsrem Schlaf,
und mit Gottes einzigem Sohne,
steigen wir aus finstrem Grab.

Osterglocken süß und rein,
tröstend und auch mahnend,
rufet, Jesus, sei doch mein,
du den Weg mir bahnend.

Indianer.
von Heinrich v. Häfen

Wir spielen Indianer,
wir sind gar friedlich Leut´,
uns ziert manch bunte Feder,
an uns hat jeder Freud.

Wir sind vom alten Stamme,
von echter rechter Art,
lass kommen, was da komme,
noch sind wir jung und zart.

Doch wenn wir rangewachsen,
zum Jüngling oder Mann,
dann stehen wir geschlossen,
so wie jetzt, seht uns an.

Wir spielen Indianer,
wir sind gar friedlich Leut´,
doch wer uns nimmt die Feder,
der hat's gar sehr bereut.

Der kleine Apfelklauer.

von Heinrich v. Häfen

Auf der Weide steht ein Apfelbaum,
mit Früchten schwer behangen,
wem er gehört, man weiß es kaum,
drum streiten sich die Rangen.

Die roten Äpfel leuchten,
zum Pflücken laden ein,
die Buben und die Mädchen,
doch keiner mag der erste sein.

Frisch gewagt ist halb gewonnen,
ein Bübchen keck und kühn,
zur Rechten nichts und nichts zur Linken,
und schon war es geschehn.

Die Hände voll und auch die Taschen,
und dann zurück oh, weh,
die Bäu´rin kommt mit raschen Schritten,
schwingt den Prügel und schreit noch he.

Doch er auf leichten Füßen springt,
entschwindet ihrem Blick,
die Bäuerin den Stock noch schwingt,
da kommt des Buben großes Glück.

Ein Mann, der grad des Weges kam,
der sagt zu ihr mit Lachen,
lass, Bäuerin, der Jugend Drang,
die werden es schon machen.

Tante Berta.

Tante Berta sitzt im Garten,
rundherum das volle Kraut,
will hier auf die Gurken warten,
dabei in die Bohnen schaut.
Die sind schneller als die Gurken
wachsen hoch bis in die Sonne,
oh, welch Wonne.

Nimmt Sie dann die vielen Bohnen,
kocht sich eine Suppe draus,
möcht ich nicht im Hause wohnen,
geh' ich deshalb ganz schnell raus.
Wenn es furzet und es zischt,
und sich Wind mit Frischluft mischt,
oh, so`n Mist.

Und es riecht so streng nach Gülle,
rundherum in diesem Heim,
Berta mit viel Leibesfülle,
traut sich auch nun nicht mehr rein.
denn dort steht er in der Ecke,
und er riecht so vor sich hin,
oh, welch Parfüm!

Entenheim

106

Oma Knackbusch
von Horst Ivers
ins Plattdeutsche übersetzt von Heinrich Höpken

Hübsch leise rieselt schon der Schnee,
die Flocken zieh´n von Luv nach Lee,
Fein liesen fallt nu all de Snee,
de Flocken treckt van Luv nah Lee.
ganz still und dunkel ist das Haus,
sieht einsam und verlassen aus,
ganz still un düüster is dat Huus,
sütt eensam un verlaaten ut,
weil Vater, Mutter und das Kind,
zur Kirche schon gegangen sind,
weil Vadder, Mudder un dat Kind,
nah Kark all hengahn sind,
das Fest wohl vorbereitet habend,
denn heute ist ja Weihnachtsabend.
dat Vörbereiten nich minnacht,
vandaagen is jo Heilig-Nacht.
Ein Schatten schleicht im Garten hin,
die Scheibe klirrt, schon ist er drin,
Een Schatten slickt in Gaarden rin,
de Schiev, de klirrt- nu is he binn`-
ein Stuhl verrutscht, ein Glöcklein klingt,
der Strahl der Taschenlampe blinkt,
een Stohl verrutscht – een Glöcklein klingt,
de Strahl van de Taschenlampe blinkt,
und die gehört Carl Gustav Clausen,
entlassen jüngst aus Oslebshausen,
un de hört to Carl-Gustav Clausen,
entlaaten jüst ut Oslebshausen,
der dieserart im fremden Haus,
sucht seine Weihnachtsgaben aus.

de up disse Art in'n frömden Huus,
socht seine Wiehnachtsgaven ut.
Der Weihnachtsbaum ist ihm egal,
am Gabentisch trifft er die Wahl.
De Wiehnachtsboom ist em egal,
an'n Gavendisch droppt he de Wahl.
In seinen Sack zuerst rein tut er,
das Perlencollier von Frau Mutter.
In sienen Sack toeerst rin packt he,
dat Perlenkollier för de Mudder.
Als Zweites dann, hoch schlägt sein Herz,
greift er die Stola sich vom Nerz.
As tweetes denn, hoch sleit sein Herz,
gripp he de Stola sick van Nerz.
Zum Dritten in den Sack rein tat er,
die goldne Uhr, bestimmt für Vater.
To'n dridden in den Sack rin deit he,
de goldne Uhr, bestimmt för Vadder.
Zwei Flaschen greift er auch sich schnell,
voll Whisky teils, teils voll Chanell.
Twee Buddels gripp he ok sik gau,
van Whisky vull, he is nich nau.
Am Tisch der Tochter findet er,
zwölf Silberlöffel fürs Dessert,
An'n Disch van de Dochter find he mehr,
twölf Silverlöpel för't Dessert
auch noch zwei Schuhe für die Hand,
aus Saffianleder er dort fand,
ok noch twee Schoh för dat Kind
ut Saffianledder he dor findt.
Dann aber schaut er staunend an,
Klein Bubis neue Eisenbahn!
Denn aver kickt he staunend an,
lütt Bubis nee Isenbahn!
Die Wagen, die Elektrolok,
den Tunnel und den Prellbock,

De Wagen, de Elekrolok,
den Tunnel un den Prellebock,
die Schranken auch und die Gleise,
das rührt ihn in besonderer Weise.
ok de Geleise un de Schranken,
he kummt up ganz besunnere Gedanken.
Er lässt den Sack zu Boden gleiten,
und hockt sich wie in alten Zeiten,
He lett den Sack nah unnen glieden,
un hockt sik as in oole Tieden
hin auf den Teppich ganz bequem,
und drückt schon auf das Schaltsystem.
Hen up den Teppich ganz bequem,
he drückt all up dat Schaltsystem.
Und hei, der Zug beginnt zu sausen,
Signale leuchten seinem Brausen,
Un hei, de Zug fangt an to suusen,
Signale lücht bi sienen Bruusen,
und sieh! – der Dieb Carl Gustav Clausen,
(entlassen jüngst aus Oslebshausen)
un süh! – de Deew Carl-Gustav Clausen
(entlaaten jüst ut Oslebshausen)
ist plötzlich und von ungefähr,
jetzt wieder ein Stationsvorsteher,
is up'n mal un van ungefähr,
nu woller een Stationsvörsteher,
wie er, vor manchem Schicksalsjahr,
einstmals als kleiner Junge war,
as he't – vör mennich Schicksalsjohr-
eenmal as lüttje Junge wor.
(in allen seinen Fantasien,
schmückt die rote Mütze ihn,
(in alle siene Phantasien
smückt em de rote Mütze sien,
und doch hat er mit Müh und Plagen,
so manche Mütze sonst getragen:

und doch hett he mit Möh un Plaagen
so mennich anner Mütz noch draagen:
Feldmütze erst, dann die für Schieber,
die blaue Seemannsmütze noch viel lieber,
Feldmütze er's, denn de för Schieber
De blaue Seemannsmütz noch lieber,
zuletzt - er denkt daran mit Grausen -
das Krätzchen noch von Oslebshausen)
tolesd – he denkt doran mit Grausen –
dat Krätzchen noch van Oslebshasuen!)
Es rattern Schienen, schnurrt die Bahn,
da hat die Tür sich aufgetan:
De Schienen rattert, snurrt de Bahn –
Dor hett de Dööre sik updaan:
plötzlich ins Zimmer ungebeten,
ist Oma Knackbusch eingetreten,
up'n mal, ganz ungebee-en
is Oma Knackbusch all intree-en.
die, da sie zählt viele Jahr,
nicht mit zum Kirchgang draußen war.
de, se tellt so achtzig ungefähr
nich mit nah Kark mitnahmen weer.
„Oh", sprach die Oma, „kiek mal an,
dor is ja woll de Wiehnachtsmann!"
„Oh" sä de Oma: „kiek mal an,
dor is ja woll de Wiehnachtsmann!"
„Och, Wiehnachtsmann, laat di nich stören,
ick kann schlecht sehen und schlecht hören!
„Och, Wiehnachtsmann, laat di nich stören!
Ik kann nich kieken un ok slecht hören!
Man doch das seh ich eben recht,
du hesst in dienen Sack watt bröcht!
Man doch, dat seh ik eben rechd:
du hest in dienen Sack wat bröcht!
Ick tööv schon an die hunnert Jahr,
dass ich dich auch mal wird gewahr!"

110

ik tööv all an de hunnert Jahr,
dat ik di ok mal wird gewahr!"
Carl Gustav Clausen guckt verdattert,
er kommt nicht klar, sein Herz das flattert,
Carl-Gustav Clausen kick verdattert,
he kummt nich klar, sien Hart dat flattert,
schon greift er nach dem Sack verstohlen,
um die Pistole rauszuholen –
still grippt he nah den Sack verstahlen,
um de Pistole rut to haalen -
doch Oma fängt zu lächeln an:
doch Oma fangt to lächeln an:
„Ob ich dem lieben Weihnachtsmann,
auch mein Gedicht aufsagen kann?"
„Off ick den leeven Wienachtsmann,
ok mien Gedicht upseggen kann?"
„Lieber guter Weihnachtsmann,
kiek Gesche Knackbusch freundlich an,
„Leeve, goode Wiehnachtsmann,
kiek Gesche Knackbusch fründlich an,
und steck auch diene Rute ein,
lütt Gesche will auch artig sein!"
un steek ok diene Rute binn´,
lütt Gesche will ok aartig sinn!"
„ So, war das nich ´n scheun Gedicht?
Häst du uk Päpernööt för mich?"
„So – weer dat nich een schön Gedicht?
Hest du ok Pepernööt för mich?"
(Carl Gustav schwanken schon die Füße,
er sucht verzweifelt Pfeffernüsse!)
(Carl-Gustav wackelt all de Fööte,
he socht vertwievelt Pepernöte!)
Und wie er endlich welche findet,
nachdem er erst ein Licht entzündet,
Un as he endlich wecke findet,
nahdem he ers een Licht entzündt,

111

da holt die Oma aus dem Schapp,
schon eine Flasche Korn herab,
da hoolt die Oma ut dat Schapp,
all eenen Buddel Korn herapp
und schenkt dem Gast ein Gläschen ein:
„Prost, das soll für Weihnachten doch sein!"
un schenkt den Gast een Glas vull in:
„Prost! Dat schall för Wiehnachten sin!"
„Prost", stammelt auch Carl Gustav Clausen,
(und wünscht sich fast nach Oslebshausen)
„Prost" stammelt ok Carl-Gustav Clausen
(un wünscht sik bald nah Oslebshausen)
„Och, Wiehnachtsmann, nu kiek mal her,
du häst jo noch denn Sack nich leer!
„Och, Wiehnachtsmann, nu kiek mal her,
du hest ja noch den Sack nich leer!"
Lass man, ich helf' dir! - Oh wie fein,
die Kette wird für Trina sein!
Laat man, ik hölp Di! Oh, wat fien
De Kett ward woll för Trina sin!
Der Pelz. Die Klock! - und allns zum Feste,
och Wiehnachtsmann, du bist der Beste!"
De Pelz! De Klock! – un allns to't Feste,
och, Wiehnachtsmann, Du bist de Beste!"
Und Oma holt das alles raus,
packt ihm sein ganzes Säcklein aus.
Un Oma packt dat allens her,
bit sien ganze Sack bald leer.
Mit Oh und Ah legt jedes Stück,
sie fein auf seinen Platz zurück,
Mit „Oh" und „Ah" leggt jedet Stück,
se fein up sienen Platz torück,
bis sie, nachdem der Rest verschwand,
im Sack noch die Pistole fand.
bit se, nahdem de Rest verschwund,
in'n Sack noch de Pistole fund,

Da lacht und jubelt sie „HiHi,
die Sahnespritze ist för mi!"
Do lacht un jubelt se. „Hihi!
De Sahnespritze is för mi!"
(Carl Gustav fährt das in die Waden,
denn schließlich ist das Ding geladen)
(Carl-Gustav fährt dat in de Waaden,
denn dat Ding, dat is doch laaden!)
Doch Oma meint: „ich muss probieren,
wie wohl die Spritz deit funktionieren!"
Doch Oma meent:" Ik mööt probeeren,
wo woll de Spritz deit funktioneeren!"
Sie fummelt hin, sie fummelt her,
(Carl Gustav stöhnt und kann nicht mehr!)
Se fummelt hen, se fummelt her,
(Carl-Gustav stöhnt un kann nich mehr!)
Schon spürt den Angstschweiß im Genick er,
„ Kiek", ruft sie nun, „da ist ja 'n Drücker!
He spöört den Angstsweet van´ Genick her,
„Kiek", roppt se nu, „da is ja´n Drücker!
Pass auf, mein lieber Weihnachtsmann,
nun spritz ich dich mit Sahne an!"
Pass up, mien leeve Wiehnachtsmann,
- nu spritz ik di mit Sahne an!"
„Nu kiek doch nich so barsch und wild,
die Spritze is ja nich gefüllt!
„Nu kiek doch nich so basch un wild,
de Spritze is ja nich gefüllt!
ich tu nur so und drück mal zu,
als wenn ich Sahne spritzen tu!"
ik doo bloots so un drück mal to,
as off ik Sahne spritzen doo!"
Carl Gustav springt mit einem Satz,
aufs Fensterbrett wie eine Katz -
Carl-Gustav springt mit eenen Satt,
up´t Fensterbrett as eene Katt -

die Scheibe klirrt, Carl Gustav Clausen,
ist, knapp gerettet, wieder draußen.
De Schiev, de klirrt, Carl- Gustav ahne Sack un Ruten,
is, knapp befreet, fix woller buten.
Doch Oma Knackbusch, fleißig immer,
macht Ordnung schon im Weihnachtszimmer.
Doch Oma Knackbusch, fliedig immer,
maakt Ordnung all in't Wiehnachtszimmer.
Schon klingen Kirchenglocken, ja
und bald ist die Familie da.
de Karkenglocken klingt all, dat is wohr,
un bold is de Familie dor.
Und dann, im Licht der Weihnachtskerzen,
umarmt man Oma recht von Herzen,
Un denn, in'n Licht van Wiehnachtskerzen,
umarmt man Oma rechd van Herzen,
und freudevoll und gut gelaunt,
wird jeder Gabentisch bestaunt.
un freudevull un good tofree-en,
mööt se nah jeden Gabendisch hentree-en.
Da liegt, da liegt, man träumt ja wohl,
auf Omas Tisch die Mordspistol!
Dor liggt, dor liggt, man dröömt jo woll,
up Omas Disch een Mordspistol!
„Tschä" strahlt Oma, „ , kiek mol an,
die hebb ick von denn Wiehnachtsmann.
„Tschä, " strahlt Oma, kiek mal an,
dat Ding hepp ik van den Wiehnachtsmann!
Da kann ich mit zu mein Vergnügen,
ganz billig nach Mallorca fliegen!"
Dor kann ik mit to mien Vergnöögen,
ganz billig nah Mallorka fllegen".

Meine Oma.
von Heinrich Höpken
(mit frdl. Genehmigung)

Meine Oma, die lebte, ihre lieben Leut',
noch in der guten, der schönen, der alten Zeit.
Sie sagte mir ganz einfach, ganz klipp und klar,
dass immer zufrieden und glücklich sie war.
Die Lebensqualität, wie man heute so sagt,
hat damals genügt ihr und auch gut behagt.
Ich kann's nicht verstehen, doch eins ist mir klar:
Die Oma von damals, die war wunderbar.

Die Oma hat keine Raketen gekannt,
der Mond war für sie noch des Zauberers Land.
Sie konnte nicht fernsehn bis zehn Uhr spät,
sie hatte zu tun, sie hat gestrickt und genäht,
hat Strümpfe gestopft und Bücher verschlungen,
und Radio gab's nicht, sie hat einfach gesungen!
Ich kann's nicht verstehen, doch eins ist mir klar:
Die Oma von damals, die war wunderbar.

Die Oma hat niemals gewusst, wie man grillt,
ihre Kinder, die fünf, hat sie selber gestillt,
hat Karotten gerieben und Gemüse gehackt,
denn sie kannte nicht Babykost, vakuverpackt!
Sie hat nie 'ne Waschmaschine geseh'n,
und Geschirr, das spülte sie prima und schön,
mit ihren zwei Händen, auf die konnt' sie bau'n,
zum Arbeiten und zum Kinderverhau'n.
Und komisch, das klappte, das war doch wohl klar:
Die Oma von damals , die war wunderbar.

Die Oma, die kannte kein Reisebüro,
war nie auf Mallorca und so,

ging nie mit 'nem Flugzeug hoch in die Luft,
hat nie ihre Kräfte sinnlos verpufft
und auf Safari im Busch rumgerannt,
doch ihre Heimat, die teure, die hat sie gekannt.
Der Duft der weiten Welt hat ihr dennoch gewunken,
wenn Opas Tabak hat im Haus rumgestunken.
Sie kannte nicht Freddi und nicht Günter Grass,
stand nicht auf den Udo und nicht auf James Last,
sie wusste nicht, wer wen grad betrügt,
sie kannte den Bismarck, das hat ihr genügt.
Sie tanzte nicht Boogie, und tanzte nicht Twist,
drum wusst sie auch nicht, was 'ne Bandscheibe ist.
Sie brauchte nicht Stepp und nicht Hally – Gally,
mit Rhizinus ging's von allein dalli dalli.
Die Jungs war'n verrückt nach ihr, das war doch klar:
Die Oma von damals, die war wunderbar.

Sie fand ohne Röntgen und ohne Radar,
die Kneipe, in der unser Opa grad' war.
Und wehe, der hätte es einmal gewagt
Und hätt' „steiler Zahn" zu der Oma gesagt,
sie brauchte, wie heute, kein „Jahr der Frau"
zur Selbstdarstellung, sie war einfach schlau
und hat dann mit Reizen und weiblicher List,
gewusst, wie der Opa am fröhlichsten ist.
Vom Alkoholtest hat sie nie was gehört,
sich nie mit Promilleberechnung beschwert
und wusste, kam Opa nach Hause geschwankt,
auch ohne das Röhrchen, wie viel er getankt.
Eins mit der Bratpfanne gab's, statt der Talk – Show, na
klar:
Denn die Oma von damals, die war wunderbar.

Für Oma, da war diese Welt noch intakt,
es gab damals noch nicht den Warschauer Pakt,
keine UNO und keine NATO – Verband

und „Amerikaner" hat sie nur vom Bäcker gekannt.
Der „Spiegel" hat sie Gott-sei-Dank nicht verhetzt,
der hing an der Wand, na was sagen sie jetzt.
Natürlich kannte sie auch keine Bar,
denn sie meinte, dass sowas nicht anständig war.
Mit Whisky und Wodka und scharfen Sachen,
da war´n bei ihr nie Geschäfte zu machen.
Sie kam auch sogar ohne Staubsauger aus
Und hatte doch immer ein sauberes Haus.
Und der Teppichklopfer hat, kam es drauf an,
seinen Dienst auch bei den Kindern getan.
Sie hatt vor der Haustür kein Auto stehn
und auch keine Schulden und schlief darum schön,
denn Sparsamkeit zierte sie, das war doch wohl klar:
die Oma von damals, die war wunderbar.

Noch manches andere trug Oma mir vor,
ich hörte nur hin mit 'nem halben Ohr
und dachte: „Na, schnack du man zu von deiner Zeit,
was soll ich mit solchen Geschichten denn heut?"
Doch dann ganz allmählich, da wurde mir klar,
dass Fortschritt nicht immer Fortschritt auch war,
und dass ich des Öfteren liege ganz schief,
steh auf modern ich und auf progressiv.
Nur Gutes hat Oma mir beigebracht,
auch wenn ihr über den Enkel lacht.
ihr Kavalier bin ich, das ist doch wohl klar,
denn meine Oma von damals, die war wunderbar!

Wohnblick

Mein Opa

Mein Opa war ein toller Mann,
hab schon bewundert ihn so sehr,
ich hab gestaunt, was der so kann,
und auch gedacht, da kommt nicht mehr,
wenn er mir irgend etwas brachte,
so sagte er, komm her, mein Sohn,
ich zeig dir was, ganz still und sachte,
denn du lernst für das Leben schon.

Mein Opa war ein toller Mann,
hab oft gestaunt, was der so kann,
er machte mit den Fingern Dinge,
von dem ich nie etwas gehört,
mit seinem Lachen und Gesinge,
hat er mir nur so zugehört,
so hat er in mir seinen Platz,
mein ganzer Stolz, mein ganzer Schatz.

Mein Opa war ein toller Mann,
hab oft gestaunt, was der so kann,
so schnitt er sich ein Stückchen Weide,
klopfte tüchtig drauf herum
heraus kam eine Trillerpfeife
ich stand nur da und staunte stumm,
hier noch ´ne Kerbe, noch ein Schnitt,
er setzte an und pfiff damit.

Mein Opa war ein toller Mann,
hab oft gestaunt, was der so kann,
er zeigte mir den Regenbogen,
wenn der am Himmel leuchtend stand,
hat mir´s erklärt und ungelogen,
wie er die rechten Worte fand,
es war schon toll, wie er dies machte

und in mir Wissensdurst entfachte.

Mein Opa war ein toller Mann,
hab oft gestaunt, was der so kann,
hat Fußball oft mit mir gespielt,
mal ungelenk, mal doch gezielt,
er zeigte, was ein Abseits ist,
und sagte, wie's am besten ist,
wenn schön der Ball die Kurve zieht
und über deinen Gegner fliegt.

Mein Opa war ein toller Mann,
hab oft gestaunt, was der so kann.
So nahm er Leisten, Leim und viel Papier,
dazu noch kleine Nägel,
aus diesen Sachen baut er mir,
ein schönes tolles Segel.
daran noch eine lange Schnur,
ein Drachen ist's, was glaubt ihr nur.

Mein Opa war ein toller Mann,
hab oft gestaunt, was der so kann,
er pflanzte kleine, braune Samen
so fingertief ins Erdenreich.
dann guckt ich nach, woher die kamen,
die Pflanzen trieben hoch sogleich,
es wurden Erbsen, Zwiebeln, Lauch,
so was man täglich alles braucht.

Mein Opa war ein toller Mann,
hab oft gestaunt, was der so kann,
so nahm er Stoff und etwas Watte,
schnitt mit einer scharfen Scher,
ein Stückchen Stoff aus einer Matte,
fertig war ein Teddybär,
Rein den Mund, die Nas´ und Augen,

ich staunte nur und wollt's kaum glauben.

Mein Opa war ein toller Mann,
hab oft gestaunt, was der so kann,
so nahm er sich ein kleines Buch,
ein Bogen und ein Instrument
er steckte sich das kleine Tuch,
dort wo das Hemd den Kragen trennt,
und zog den Bogen über'n Strich,
Musik erklang - und nur für mich.

Heut denk ich oft an ihn zurück,
sehr oft, was mich dann übermannt,
für mich war es das größte Glück,
den Menschen habe ich gekannt.
Heut bin ich selber Großpapa,
mit Freuden denk ich manchmal dran,
an meinen kleinen Enkelsohn,
was der schon alles kann.
Er kann schon lächeln, und laut lachen,
und noch vieles andere mehr,
für ihn wird ich noch vieles machen,
denn ich mag ihn einfach sehr,
sodass mein Enkel eines Tages sagt,
wenn ihn einmal sein Enkel fragt:
Mein Opa war ein toller Mann,
hab oft gestaunt, was der so kann.

De Herr in´n Heben (Himmel) seggt......
von A. Buschmann

Wat föhlt de Minschen sick doch stark,
mit all ähr Wätenschupp un Wark!
Mi seht se nich, se kiekt an mi
bi all ähr Drockte heel vörbie.

Se nehmt to Hannen de heele Welt,
wat höger is, woll nix mehr tellt,
se meent, mi schuuft se anne Kant,
un nehmt dat Leit mi ut de Hand.

Man ick kiek ehr van boben to,
bi ehr gedöns un ehr Gedoo,
und denkt se, se sund baben up,
mit Technik und mit Wätenschupp.

Denn seh ick´t all: Glieks geiht ehrt twei,
so koomt se dr nich mit um´n Dreih,
help ick ehr nich mit faste Hand,
so mokt se Krieg und Mord und Brand.

Van Ewigkeit to Ewigkeit
Hepp ick, de Herr, in´n Hann dat Leit,
ji Minschen mit jo Wätenschupp,
up mi, denn Herrn, dar lustert up!

Danke.

Datt kost us kien Geld,
kien Silber und kien Gold,
datt givvt datt immer op us Welt,
und is för aal Tiet all betohlt.

Ick hepp datt in mi jeden Dag,
datt is man so´n Gedanke,
datt Wurt ick woll noch seggen mag,
ick meen datt Wörtchen: Danke!

Gewidmet meinem
Elmendorfer Klassenlehrer
Erwin Roeske
und dem
„alten Direx"
Karl – Heinz Trapp
und Allen, die mir in meinem schönen Leben die richtige
Richtung zeigten.

Bad Zwischenahn, d. 3. Sept. 2000